AF350978

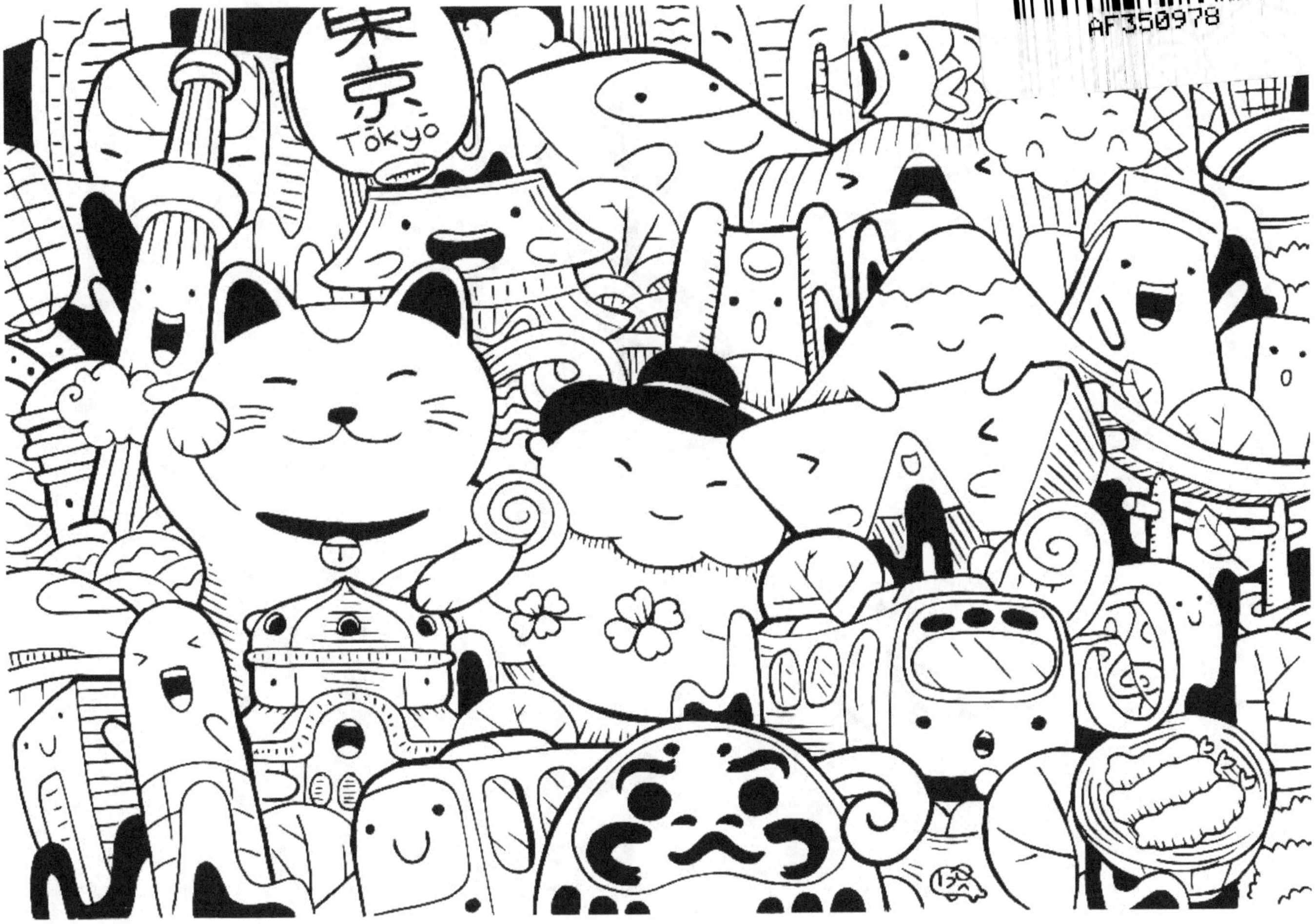

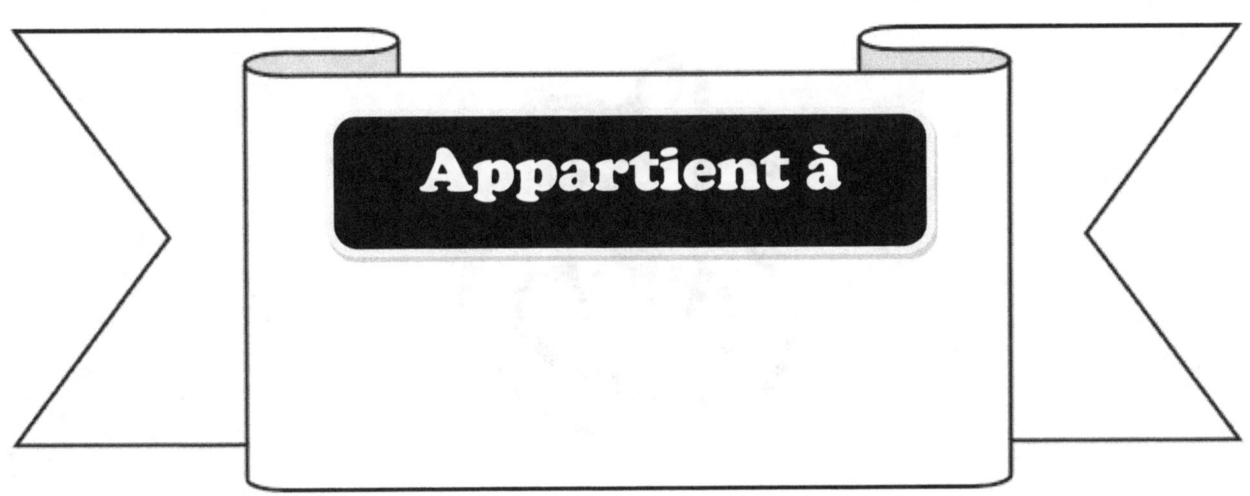

Carnet d'Hiragana

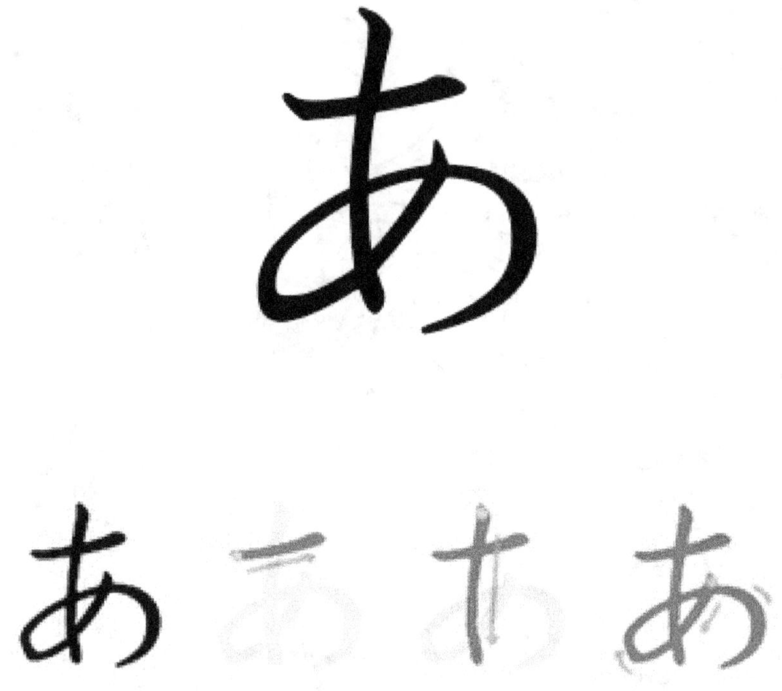

[a]

い

いいいい

[i]

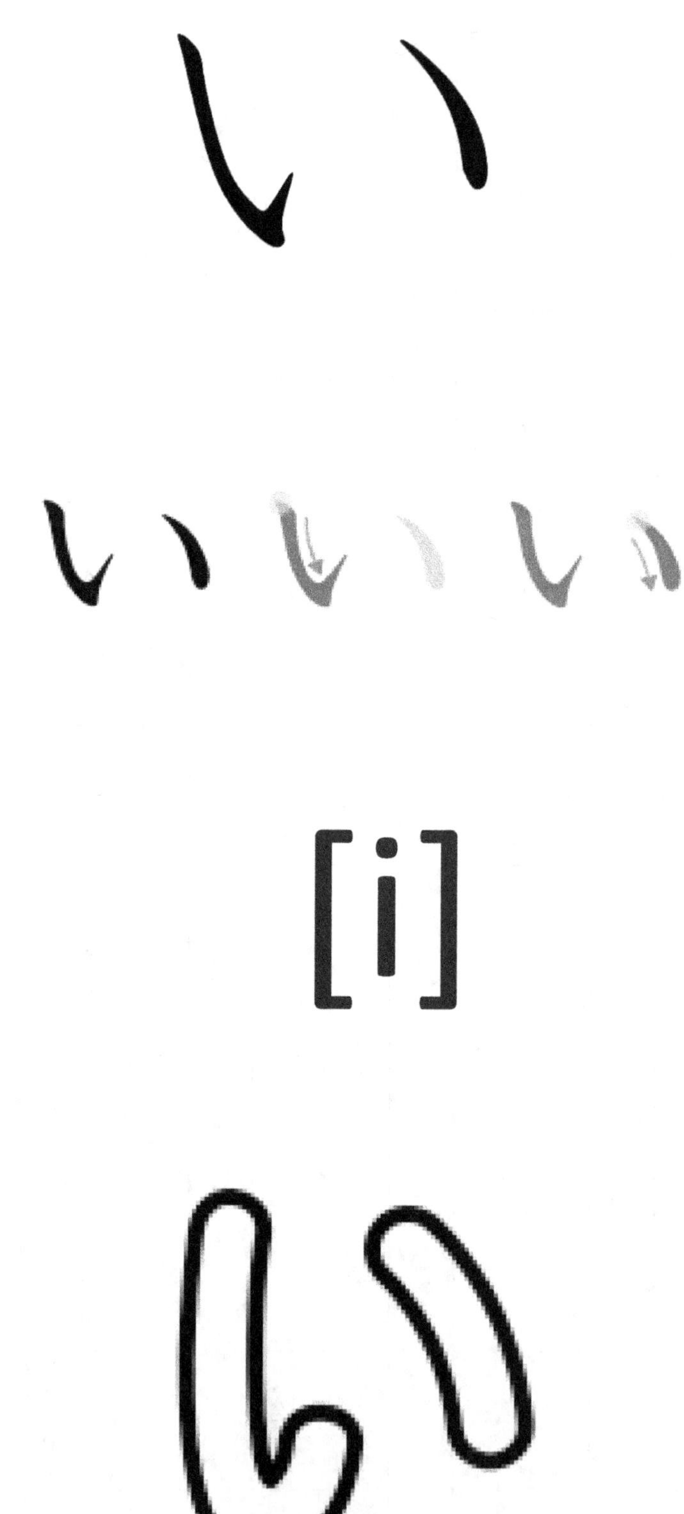

う

う　う　う

[i]

い

[e]

お

おおおお

[e]

お

おおおおお

[e]

か

かっかか

[ka]

き

き 

[ki]

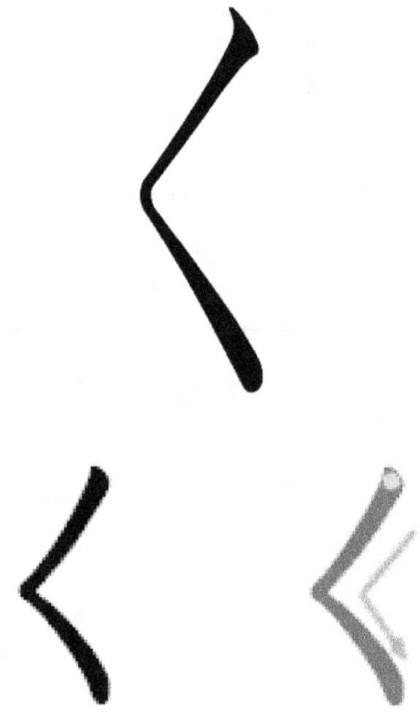

[ku]

け

けけ け け け

[ke]

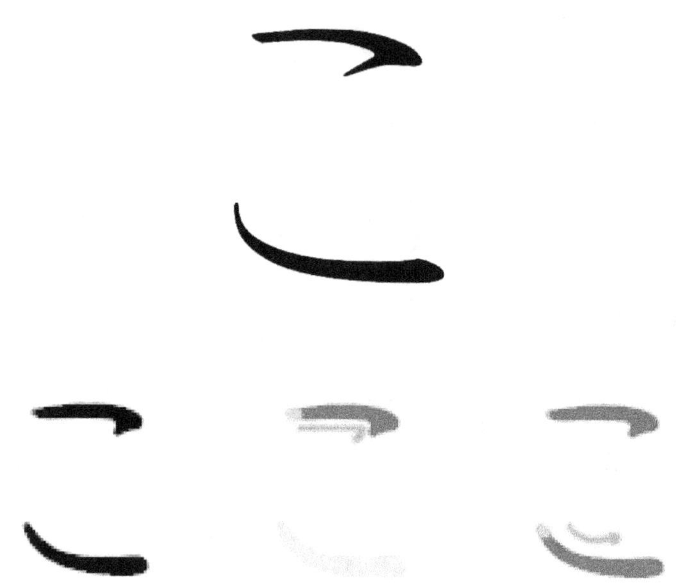

[ko]

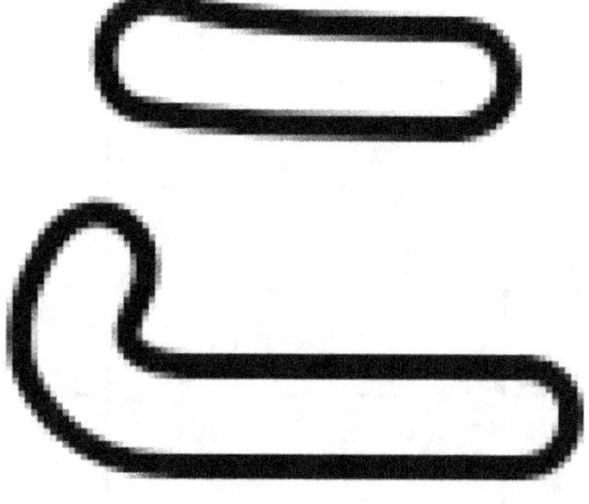

[sa]

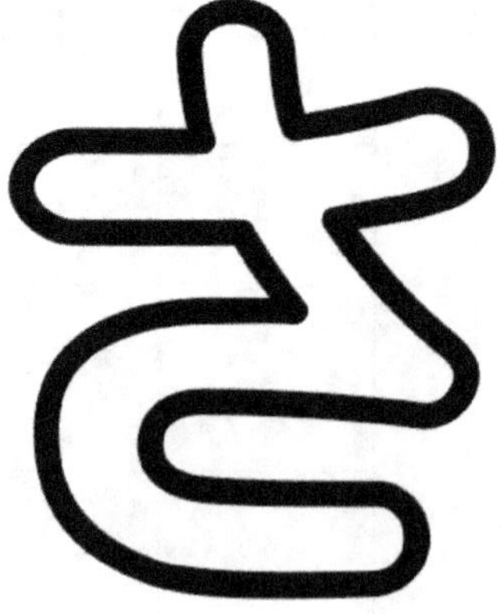

[shi]

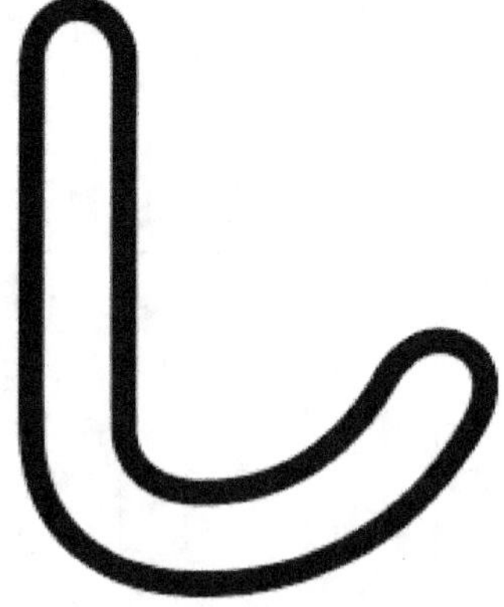

[su]

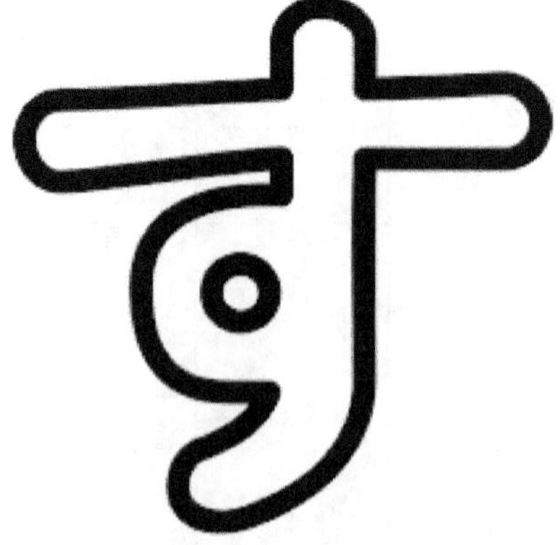

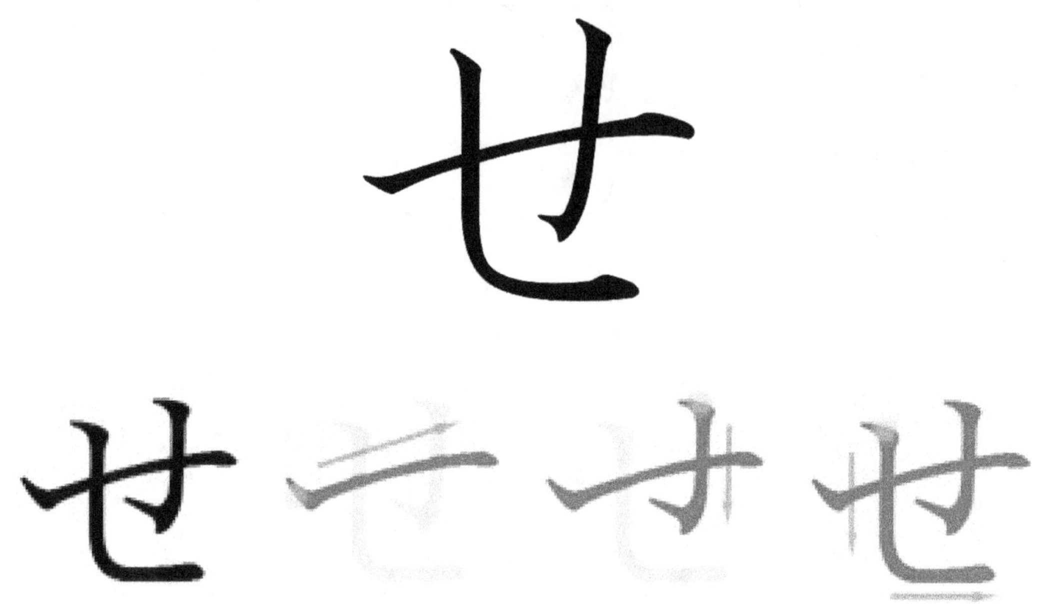

[se]

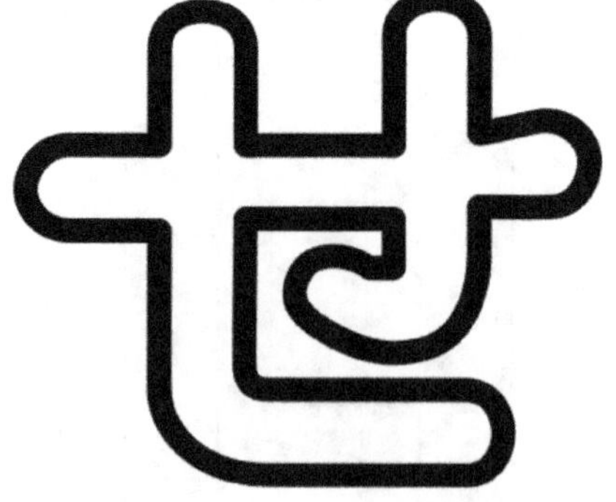

[so]

た

た　た　た　た　た　た

[ta]

ち
ちちち

[chi]

ち

[tsu]

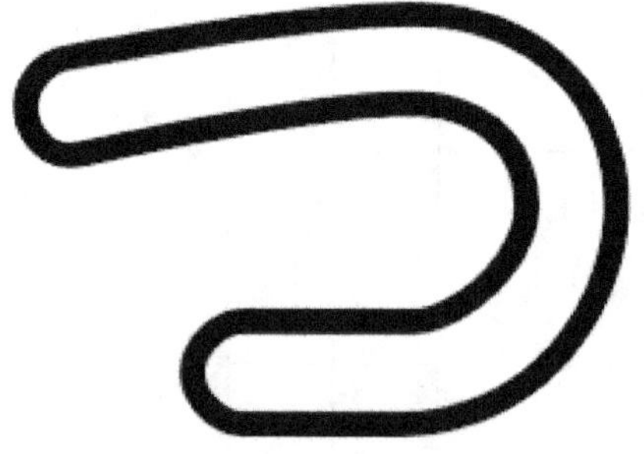

[te]

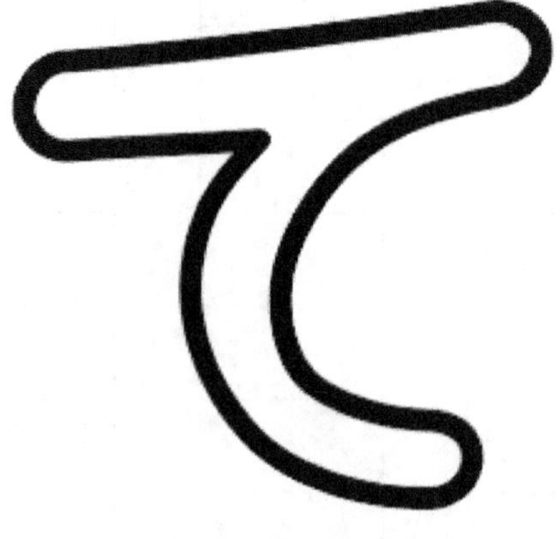

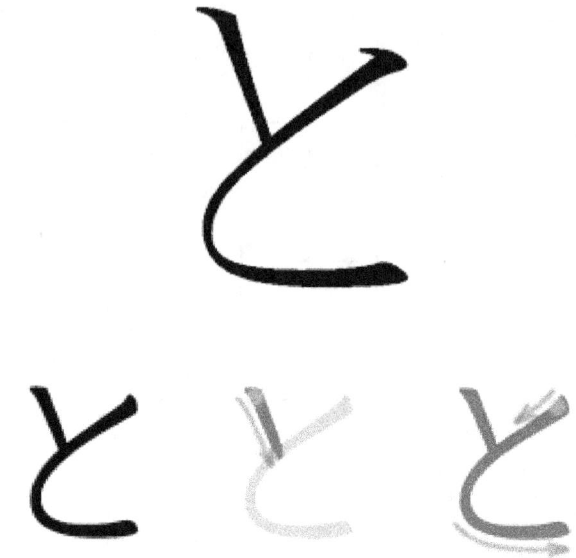

[to]

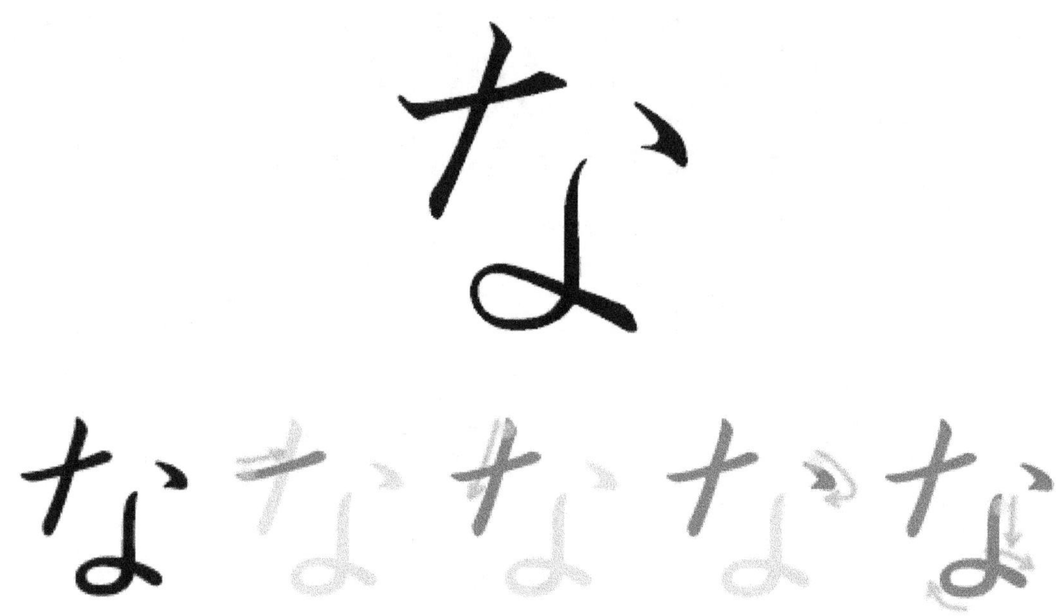

[na]

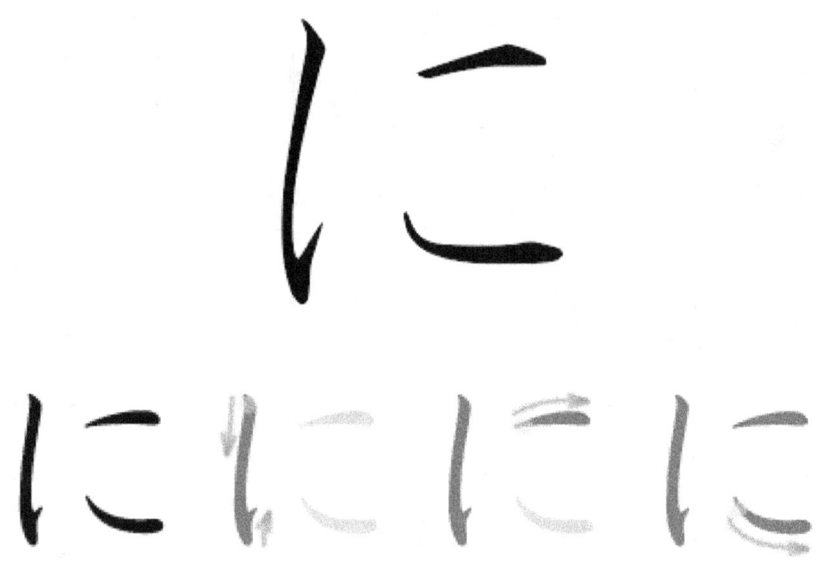

[ni]

に

[ne]

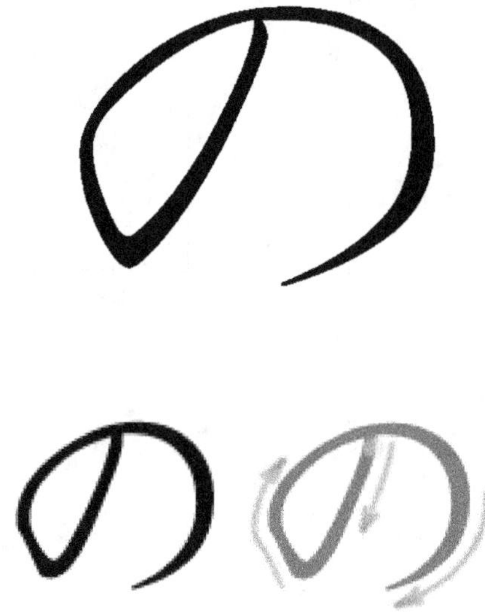

[no]

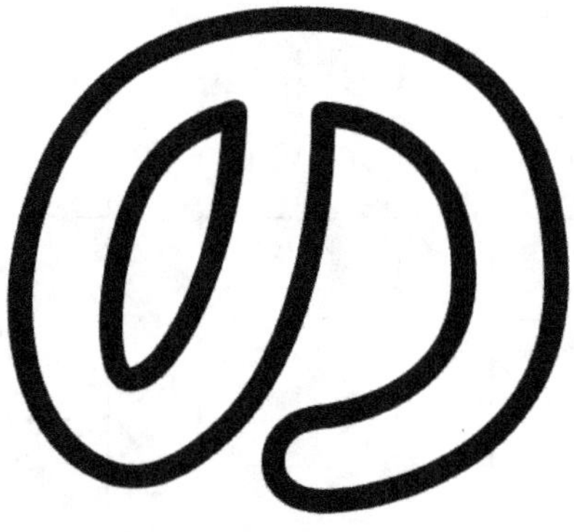

は

ははははは

[ha]

は

[hi]

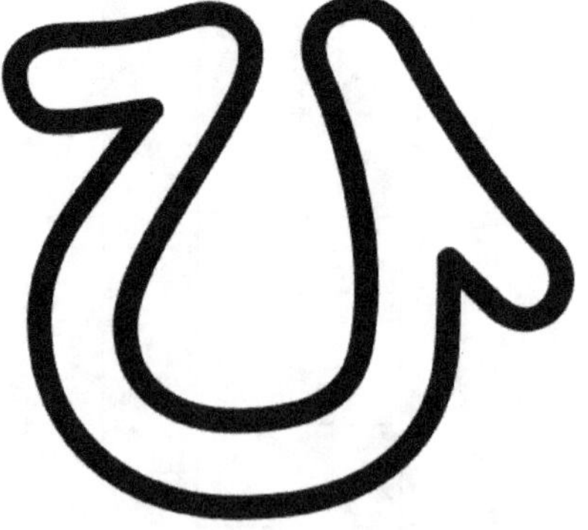

[fu]

[he]

ほ

ほほほほほ

[ho]

ま

ままま

[ma]

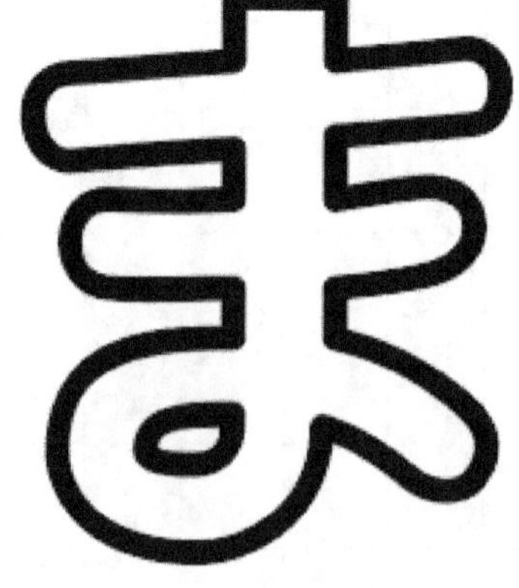

[mi]

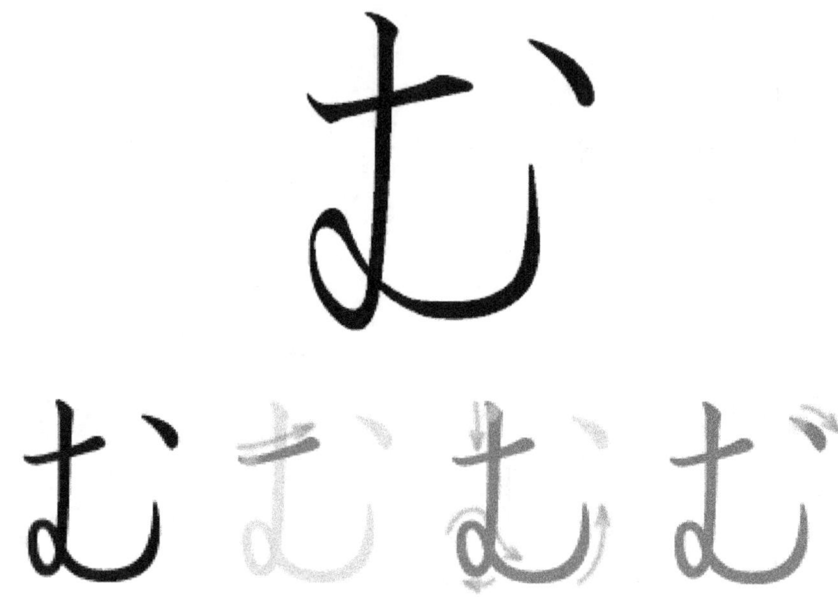

[mu]

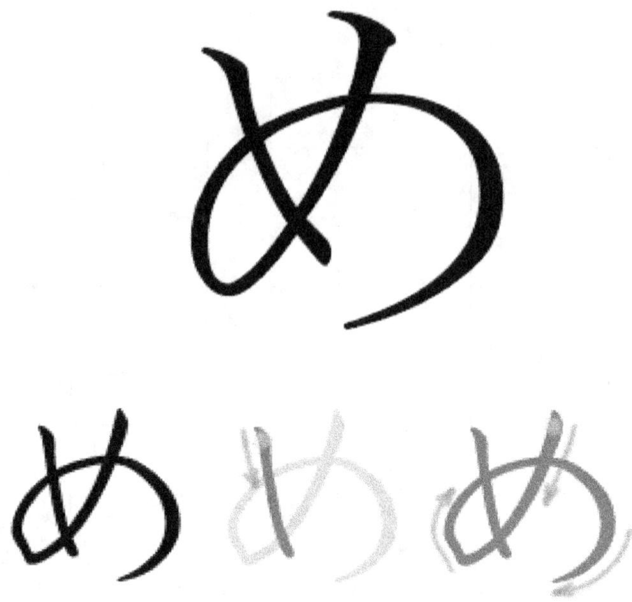

[me]

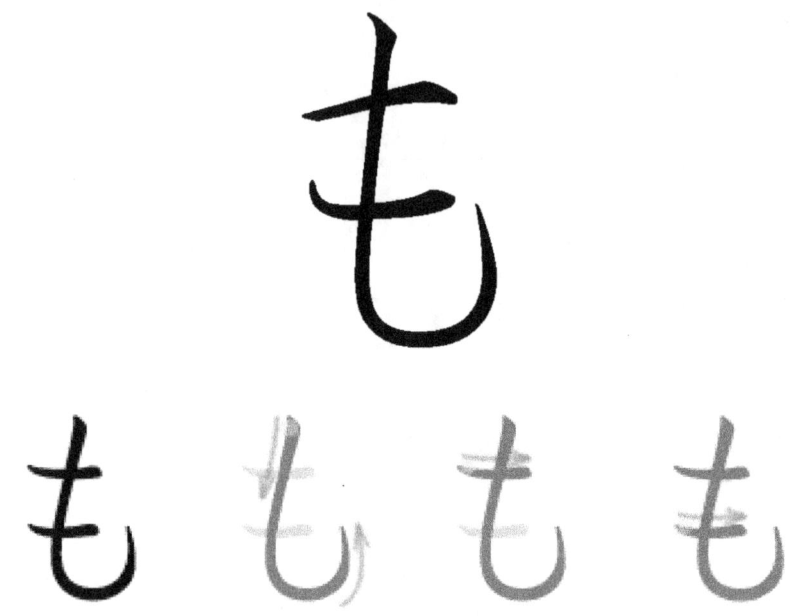

[mo]

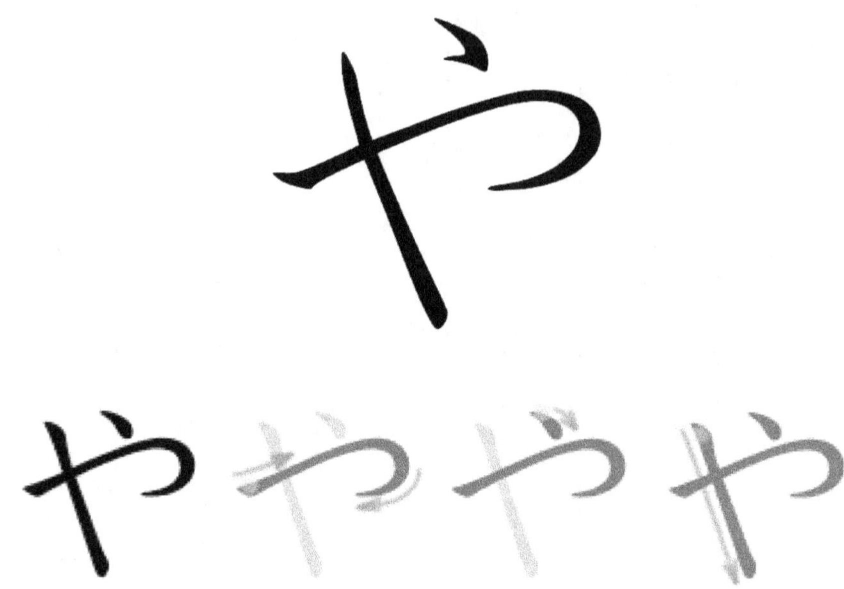

[ya]

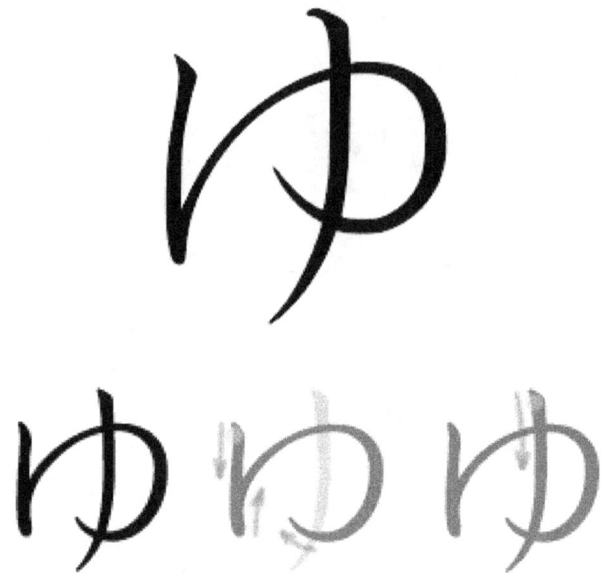

[yu]

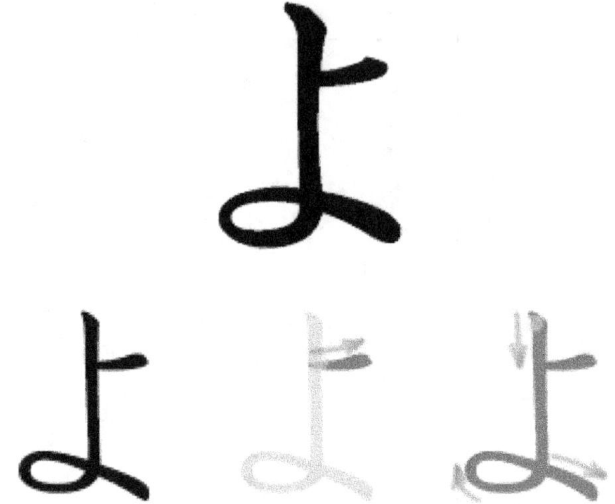

[yo]

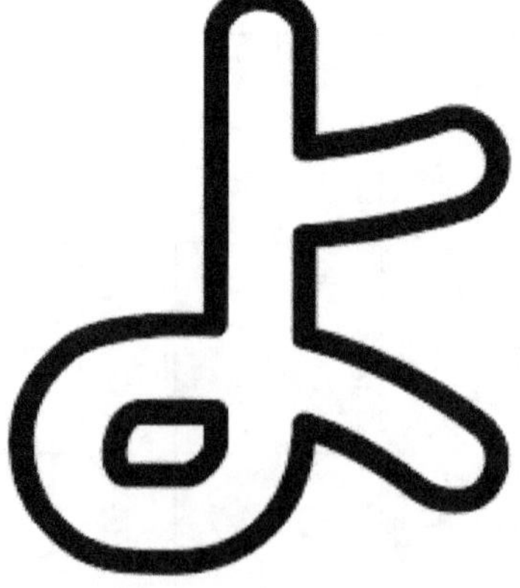

ら

ら ら ら ら

[ra]

ら

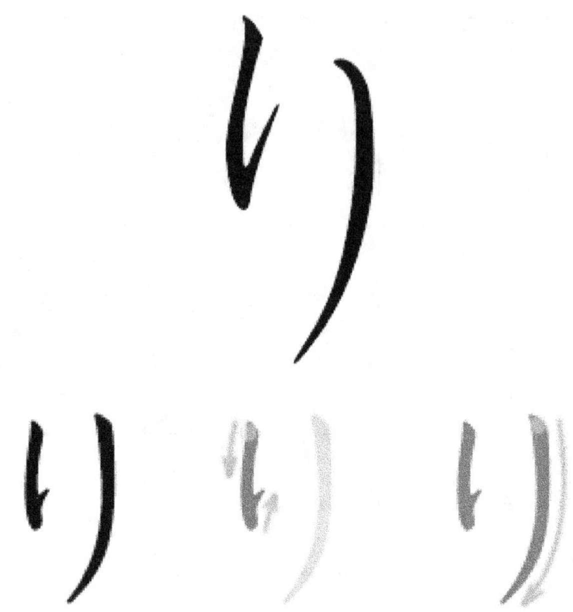

[ri]

る
る る

[ru]

れ

れ れ れ

[re]

ろ

ろ ろ

[ro]

ろ

わ

わ わ わ わ

[wa]

ゐ

ゐ ゐ 

[wi]

ゐ

を

を を を を を

[wo]

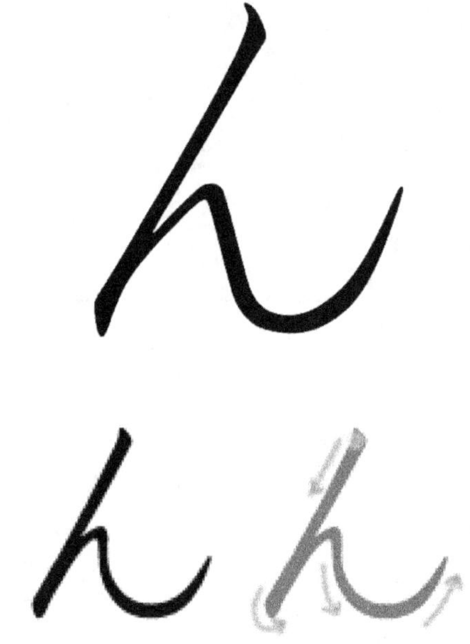

[n]

Rappel

« Mon premier carnet d'Hiragana » par Nara Angel © 2021.

Tous droits réservés. Aucun extrait de ce livre ne peut être reproduit sous quelque forme que ce soit, sans la permission de l'auteur.

Nara Angel

www.ingramcontent.com/pod-product-compliance
Lightning Source LLC
Chambersburg PA
CBHW081153130726
47996CB00009B/3109